Bernd Wehren

Bilder erzählen Geschichten

Erste *realistische* Schreibanlässe

Arbeitsblätter für die Grundschule in 3 Differenzierungsstufen

Verlag an der Ruhr

Jmpressum

Titel

Bilder erzählen Geschichten. Erste realistische Schreibanlässe

Arbeitsblätter für die Grundschule in 3 Differenzierungsstufen

Autor

Bernd Wehren

Titelbildmotiv

Bettina Weyland

Illustrationen

Bettina Weyland

Verlag an der Ruhr
Mülheim an der Ruhr
www.verlagruhr.de

Geeignet für die Klassen 1 – 2

Unser Beitrag zum Umweltschutz:
Wir sind seit 2008 ein ÖKOPROFIT®-Betrieb und setzen uns damit aktiv für den Umweltschutz ein. Das ÖKOPROFIT®-Projekt unterstützt Betriebe dabei, die Umwelt durch nachhaltiges Wirtschaften zu entlasten. Unsere Produkte sind grundsätzlich auf chlorfrei gebleichtes und nach Umweltschutzstandards zertifiziertes Papier gedruckt.

ISBN 978-3-8346-2970-8

Printed in Germany

Inhaltsverzeichnis

15 realistische Schreibanlässe

Anhang

Vorwort

Kinder wollen kritzeln, krakeln, erste Wörter, erste Sätze und erste Texte schreiben. Lehrer wollen Kindern das Schreiben so frei, so individuell wie möglich beibringen. Mithilfe der Schreibanlässe aus diesem Buch werden Sie den kleinen Schreibern und sich selbst gerecht, denn die insgesamt 45 Erzähl- und Schreibanlässe zu 15 Themen sind der Lebenswirklichkeit der Kinder entnommen – passend zum Alter und Entwicklungsstand der Kinder.

Die Arbeitsblätter sind 3-fach differenziert:
Kopieren Sie die 3-fach differenzierten Arbeitsblätter stets **doppelseitig** mit dem **Linienblatt von S. 64**.

●○○

a) **leicht:** Die Erst- und Zweitklässler malen die 15 großformatigen Weitermalbilder weiter, erzählen dazu und schreiben erste Wörter in das Bild. Die Kinder können auch Sprechblasen malen und etwas hineinschreiben. Zudem können sie erste kurze Sätze notieren.
Tipp: Für Schreibanfänger im Anfangsunterricht oder sehr schreibschwache Kinder können Sie nur das Bild der leichten Stufe ohne Aufgaben auf DIN A3 vergrößern, sodass die Kinder das Bild an- und weitermalen, zum Bild erzählen und nur lauttreue Wörter ins Weitermalbild schreiben.

●●○

b) **mittel:** Die Erst- und Zweitklässler ergänzen die 15 Weitermalbilder, erzählen dazu und schreiben weitere, passende Hilfswörter zu dem Bild. Anschließend schreiben sie zu dem Bild in die Dreiband-Lineatur und benutzen dabei die Hilfswörter. Zuletzt schreiben die Kinder eine passende Überschrift auf die entsprechende Linie und lesen ihre Geschichte vor oder lassen sie vorlesen.

●●●

c) **schwer:** Die Erst- und Zweitklässler schreiben eine eigene, thematisch passende Überschrift auf, wählen dann entweder die eigene oder die vorgegebene Überschrift aus, kreuzen diese an und malen eine passende Bildergeschichte dazu. Sie schreiben Hilfswörter zu ihrer Bildergeschichte. Anschließend erzählen und schreiben sie eine Geschichte zu dem Bild in die Dreiband-Lineatur und benutzen dabei die Hilfswörter. Zuletzt lesen die Kinder ihre Geschichte vor.
Tipp: Es ist durchaus sinnvoll, die zu bearbeitenden Arbeitsblätter auf A3 zu vergrößern. So haben die Kinder mehr Platz zum Malen und Schreiben.

Zum Einsatz des Materials und des Zusatzmaterials im Anhang
Sie können entweder zuerst komplett die leichten Arbeitsblätter im Anfangsunterricht, dann die mittelschweren Arbeitsblätter im Laufe des 1. Schuljahres, dann die schweren Arbeitsblätter am Ende des 1. und im Laufe des 2. Schuljahres bearbeiten lassen.
Oder: Sie bieten stets neben dem jeweils leichten und mittleren Arbeitsblatt auch das dazugehörige schwere Arbeitsblatt zu einem Thema für lese- und schreibstarke Kinder an.
Selbstverständlich können Sie auch eine gezielte Auswahl der Arbeitsblätter für die Kinder treffen.

Wichtig dabei ist nur: Die jeweils drei Schreibanlässe zu einem Thema gehören zusammen, unterscheiden sich aber in wichtigen Details,

sodass die Kinder unterschiedliche Bildergeschichten malen und verschiedene Texte bzw. Geschichten erzählen und schreiben können. Sobald die Kinder lesen können, können Sie die **Tipp-Karten** (S. 55) kopieren, laminieren, ausschneiden und nach und nach als Erzähl- und Schreibhilfe einsetzen. Kopieren Sie die Karten auf grünen, gelben und roten Karton. So können Mitschüler* dem Geschichten-Erzähler oder -Schreiber signalisieren, ob er die Tipps beachtet (= grün), teilweise beachtet (= gelb) oder nicht beachtet (= rot) hat. Neben dem Schreiben von Wörtern und Verfassen von Texten üben die Kinder somit auch die Planung von Texten und die Textüberarbeitung.
Die Tipp-Karten können griffbereit im Klassenraum und im Tornister für eine Hausaufgabe aufbewahrt werden.

Sie können die Arbeitsblätter im **Deutsch-** und **Kunstunterricht**, aber auch in der **Frei,- Wochenplan-** oder **Stationsarbeit** einsetzen. Jeder Erst- und Zweitklässler sollte die bearbeiteten Arbeitsblätter in einem Hefter sammeln. Für den Hefter können die Kinder ein individuelles Deckblatt gestalten. Oder Sie kopieren S. 7 und nehmen es als Deckblatt. In beiden Fällen sollten die Kinder ihren Namen und die Klasse ergänzen, ihrem Geschichtenheft einen Namen geben und diesen auf das Deckblatt schreiben, z. B. „Mein erstes Geschichtenheft". Kopieren Sie zudem den **Arbeits-Pass** von S. 6, den die Kinder mit abheften. So gestalten die Kinder einerseits ihr eigenes, individuelles Geschichtenheft, haben also eine schöne Erinnerung an die ersten Schreibversuche, behalten aber auch andererseits einen Überblick über die bearbeiteten Angebote.

* Aus Gründen der besseren Lesbarkeit haben wir in diesem Buch durchgehend die männliche Form verwendet. Natürlich sind damit auch immer Frauen und Mädchen gemeint, also Lehrerinnen, Schülerinnen etc.

Zur Belohnung händigen Sie den Kindern die **Urkunde** (S. 54) aus.

Zur Unterstützung der Schreibversuche können Sie die **Schrift-Karten** (S. 62) für jedes Kind ab Klasse 2 kopieren und laminieren.

Viel Spaß und Erfolg mit den ersten einfachen Schreibanlässen wünscht Ihnen und Ihren Schülern

Bernd Wehren

Arbeits-Pass

Name: ……………………………… Klasse: ………………

Diese Arbeitsblätter habe ich bearbeitet:

	●○○	●●○	●●●	**kontrolliert**
Bauernhof				
Brief				
Frühling				
Geburtstag				
Herbst				
Schwimmbad				
Sommer				
Spielplatz				
Sport				
Straßenverkehr				
Wald				
Winter				
Zirkus				
Zoo				
Zuhause				

15 realistische Schreibanlässe

1. **Male weiter. Erzähle.**
2. **Schreibe passende Wörter ins Bild.**

3. **Schreibe zum Bild. Nimm auch die Rückseite.**

1. Male weiter. Erzähle.

2. Finde eine Überschrift zum Bild.

Überschrift: ....

3. Schreibe weitere Wörter zum Bild.

Stroh, melken, fröhlich

4. Schreibe zum Bild. Nimm auch die Rückseite.

Bauernhof

1. Male die Bildergeschichte weiter. Erzähle.

2. Schreibe eine Überschrift zur Bildergeschichte auf.
Wähle dann eine der beiden Überschriften aus. Kreuze an.

O ....

O Die frische Milch vom Bauernhof

❶	❷ 
❸	❹

3. Schreibe passende Wörter zu deiner Bildergeschichte.

4. Schreibe zur Bildergeschichte. Nimm auch die Rückseite.

Brief

1. Male weiter. Erzähle.

2. Schreibe passende Wörter ins Bild.

3. Schreibe zum Bild. Nimm auch die Rückseite.

1. **Male weiter. Erzähle.**
2. **Finde eine Überschrift zum Bild.**

Überschrift: ....

3. **Schreibe weitere Wörter zum Bild.**

Briefmarke, einwerfen, neugierig

4. **Schreibe zum Bild. Nimm auch die Rückseite.**

Brief

1. **Male die Bildergeschichte weiter. Erzähle.**
2. **Schreibe eine Überschrift zur Bildergeschichte auf. Wähle dann eine der beiden Überschriften aus. Kreuze an.**

O ....

O Das Brief-Geheimnis

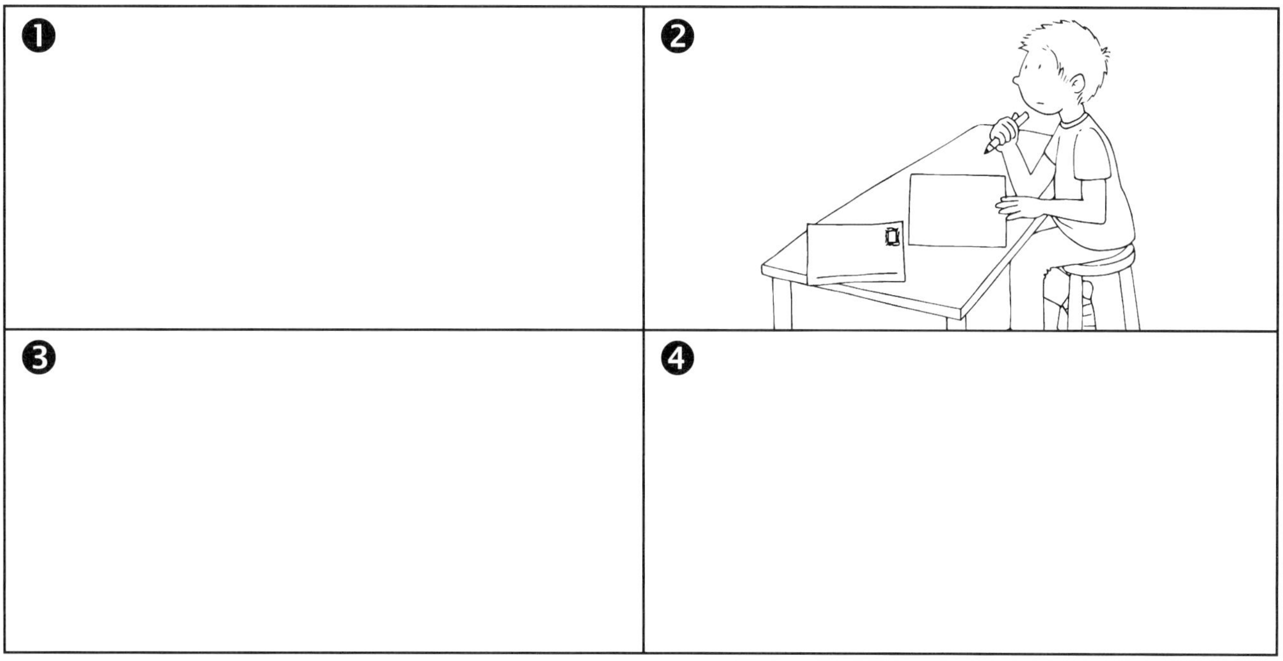

3. **Schreibe passende Wörter zu deiner Bildergeschichte.**

4. **Schreibe zur Bildergeschichte. Nimm auch die Rückseite.**

1. **Male weiter. Erzähle.**
2. **Schreibe passende Wörter ins Bild.**

3. **Schreibe zum Bild. Nimm auch die Rückseite.**

1. **Male weiter. Erzähle.**
2. **Finde eine Überschrift zum Bild.**

Überschrift: ....

3. **Schreibe weitere Wörter zum Bild.**

Picknick, fliegen, bunt

4. **Schreibe zum Bild. Nimm auch die Rückseite.**

1. **Male die Bildergeschichte weiter. Erzähle.**
2. **Schreibe eine Überschrift zur Bildergeschichte auf.**
   Wähle dann eine der beiden Überschriften aus. Kreuze an.

O ....

O Das Picknick im Frühling

❶	❷ 
❸	❹

3. **Schreibe passende Wörter zu deiner Bildergeschichte.**

4. **Schreibe zur Bildergeschichte. Nimm auch die Rückseite.**

© Verlag an der Ruhr | Autor: Bernd Wehren | ISBN 978-3-8346-2970-8 | www.verlagruhr.de

Geburtstag

1. **Male weiter. Erzähle.**
2. **Schreibe passende Wörter ins Bild.**

3. **Schreibe zum Bild. Nimm auch die Rückseite.**

1. Male weiter. Erzähle.

2. Finde eine Überschrift zum Bild.

Überschrift: ....

3. Schreibe weitere Wörter zum Bild.

Sackhüpfen, auspusten, lecker

4. Schreibe zum Bild. Nimm auch die Rückseite.

Geburtstag

1. **Male die Bildergeschichte weiter. Erzähle.**
2. **Schreibe eine Überschrift zur Bildergeschichte auf.**
   Wähle dann eine der beiden Überschriften aus. Kreuze an.

O ……………………………………………………………………

O Die fröhliche Geburtstagsfeier

❶

❷

❸

❹

3. **Schreibe passende Wörter zu deiner Bildergeschichte.**

4. **Schreibe zur Bildergeschichte. Nimm auch die Rückseite.**

Herbst

1. **Male weiter. Erzähle.**
2. **Schreibe passende Wörter ins Bild.**

3. **Schreibe zum Bild. Nimm auch die Rückseite.**

Herbst

1. Male weiter. Erzähle.

2. Finde eine Überschrift zum Bild.

Überschrift: ....

3. Schreibe weitere Wörter zum Bild.

Blätter, toben, windig

4. Schreibe zum Bild. Nimm auch die Rückseite.

 ISBN 978-3-8346-2970-8 | www.verlagruhr.de

1. **Male die Bildergeschichte weiter. Erzähle.**
2. **Schreibe eine Überschrift zur Bildergeschichte auf.**
   Wähle dann eine der beiden Überschriften aus. Kreuze an.

O ....

O Der windige Herbst

❶

❷

❸

❹

3. **Schreibe passende Wörter zu deiner Bildergeschichte.**

4. **Schreibe zur Bildergeschichte. Nimm auch die Rückseite.**

1. **Male weiter. Erzähle.**
2. **Schreibe passende Wörter ins Bild.**

3. **Schreibe zum Bild. Nimm auch die Rückseite.**

1. **Male weiter. Erzähle.**
2. **Finde eine Überschrift zum Bild.**

Überschrift: ....

3. **Schreibe weitere Wörter zum Bild.**

Wasser, schwimmen, nass

4. **Schreibe zum Bild. Nimm auch die Rückseite.**

1. Male die Bildergeschichte weiter. Erzähle.

2. Schreibe eine Überschrift zur Bildergeschichte auf.
Wähle dann eine der beiden Überschriften aus. Kreuze an.

O ....

O Ein nasser und fröhlicher Tag im Schwimmbad

❶

❷

❸

❹

3. Schreibe passende Wörter zu deiner Bildergeschichte.

4. Schreibe zur Bildergeschichte. Nimm auch die Rückseite.

1. **Male weiter. Erzähle.**
2. **Schreibe passende Wörter ins Bild.**

3. **Schreibe zum Bild. Nimm auch die Rückseite.**

1. **Male weiter. Erzähle.**
2. **Finde eine Überschrift zum Bild.**

Überschrift: ....

3. **Schreibe weitere Wörter zum Bild.**

Strandkorb, erholen, lecker

4. **Schreibe zum Bild. Nimm auch die Rückseite.**

1. **Male die Bildergeschichte weiter. Erzähle.**
2. **Schreibe eine Überschrift zur Bildergeschichte auf.**
   Wähle dann eine der beiden Überschriften aus. Kreuze an.

O ....

O Das Sommererlebnis am Strand

❶

❷

❸

❹

3. **Schreibe passende Wörter zu deiner Bildergeschichte.**

4. **Schreibe zur Bildergeschichte. Nimm auch die Rückseite.**

Spielplatz

1. Male weiter. Erzähle.

2. Schreibe passende Wörter ins Bild.

3. Schreibe zum Bild. Nimm auch die Rückseite.

1. **Male weiter. Erzähle.**
2. **Finde eine Überschrift zum Bild.**

Überschrift: ....

3. **Schreibe weitere Wörter zum Bild.**

Wippe, schaukeln, mutig

4. **Schreibe zum Bild. Nimm auch die Rückseite.**

© Verlag an der Ruhr | Autor: Bernd Wehren | ISBN 978-3-8346-2970-8 | www.verlagruhr.de

Spielplatz

1. Male die Bildergeschichte weiter. Erzähle.

2. Schreibe eine Überschrift zur Bildergeschichte auf.
Wähle dann eine der beiden Überschriften aus. Kreuze an.

O ....

O Der Abenteuer-Spielplatz

❶

❸

❹

3. Schreibe passende Wörter zu deiner Bildergeschichte.

4. Schreibe zur Bildergeschichte. Nimm auch die Rückseite.

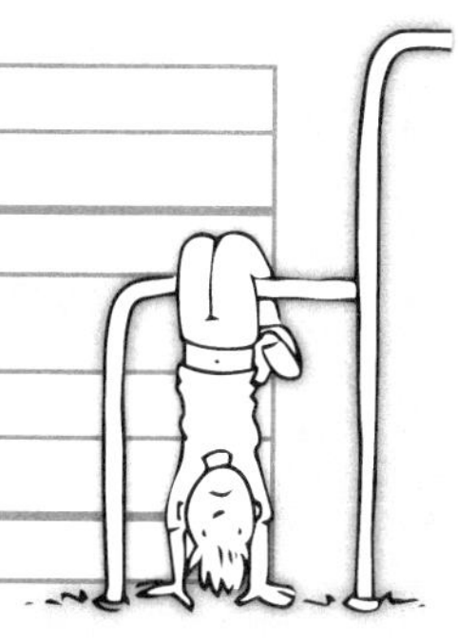

1. **Male weiter. Erzähle.**
2. **Schreibe passende Wörter ins Bild.**

3. **Schreibe zum Bild. Nimm auch die Rückseite.**

1. **Male weiter. Erzähle.**
2. **Finde eine Überschrift zum Bild.**

Überschrift: ....

3. **Schreibe weitere Wörter zum Bild.**

Fahrzeug, tanzen, laut

4. **Schreibe zum Bild. Nimm auch die Rückseite.**

1. **Male die Bildergeschichte weiter. Erzähle.**
2. **Schreibe eine Überschrift zur Bildergeschichte auf. Wähle dann eine der beiden Überschriften aus. Kreuze an.**

O ....

O Der Sportunfall

❶	❷ 
❸	❹

3. **Schreibe passende Wörter zu deiner Bildergeschichte.**

4. **Schreibe zur Bildergeschichte. Nimm auch die Rückseite.**

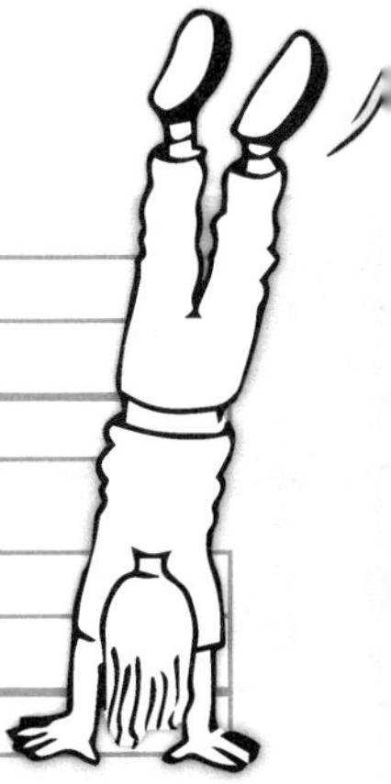

Straßenverkehr

1. **Male weiter. Erzähle.**
2. **Schreibe passende Wörter ins Bild.**

3. **Schreibe zum Bild. Nimm auch die Rückseite.**

1. **Male weiter. Erzähle.**
2. **Finde eine Überschrift zum Bild.**

Überschrift: ....

3. **Schreibe weitere Wörter zum Bild.**

Zebrastreifen, fahren, gefährlich

4. **Schreibe zum Bild. Nimm auch die Rückseite.**

Straßenverkehr

1. **Male die Bildergeschichte weiter. Erzähle.**
2. **Schreibe eine Überschrift zur Bildergeschichte auf.**
   Wähle dann eine der beiden Überschriften aus. Kreuze an.

O ....

O Augen auf im Straßenverkehr!

❶

❷

❸

❹

3. **Schreibe passende Wörter zu deiner Bildergeschichte.**

4. **Schreibe zur Bildergeschichte. Nimm auch die Rückseite.**

1. **Male weiter. Erzähle.**
2. **Schreibe passende Wörter ins Bild.**

3. **Schreibe zum Bild. Nimm auch die Rückseite.**

1. **Male weiter. Erzähle.**
2. **Finde eine Überschrift zum Bild.**

Überschrift: ....

3. **Schreibe weitere Wörter zum Bild.**

Fuchs, einsammeln, ängstlich

4. **Schreibe zum Bild. Nimm auch die Rückseite.**

© Verlag an der Ruhr | Autor: Bernd Wehren | ISBN 978-3-8346-2970-8 | www.verlagruhr.de

1. Male die Bildergeschichte weiter. Erzähle.

**2. Schreibe eine Überschrift zur Bildergeschichte auf.
Wähle dann eine der beiden Überschriften aus. Kreuze an.**

O ....

O Die kleinen Wald-Detektive

❶

❷

❸

❹

3. Schreibe passende Wörter zu deiner Bildergeschichte.

4. Schreibe zur Bildergeschichte. Nimm auch die Rückseite.

1. **Male weiter. Erzähle.**
2. **Schreibe passende Wörter ins Bild.**

3. **Schreibe zum Bild. Nimm auch die Rückseite.**

1. Male weiter. Erzähle.

2. Finde eine Überschrift zum Bild.

Überschrift: ....

3. Schreibe weitere Wörter zum Bild.

Schlitten, werfen, schnell

4. Schreibe zum Bild. Nimm auch die Rückseite.

1. **Male die Bildergeschichte weiter. Erzähle.**
2. **Schreibe eine Überschrift zur Bildergeschichte auf.
   Wähle dann eine der beiden Überschriften aus. Kreuze an.**

O ....

O Der Winterspaß

❶ ❷ ❸ ❹

3. **Schreibe passende Wörter zu deiner Bildergeschichte.**

4. **Schreibe zur Bildergeschichte. Nimm auch die Rückseite.**

Zirkus

1. **Male weiter. Erzähle.**
2. **Schreibe passende Wörter ins Bild.**

3. **Schreibe zum Bild. Nimm auch die Rückseite.**

Zirkus

1. Male weiter. Erzähle.

2. Finde eine Überschrift zum Bild.

Überschrift: ....

3. Schreibe weitere Wörter zum Bild.

Manege, vorführen, spannend

4. Schreibe zum Bild. Nimm auch die Rückseite.

Zirkus

1. Male die Bildergeschichte weiter. Erzähle.

2. Schreibe eine Überschrift zur Bildergeschichte auf.
Wähle dann eine der beiden Überschriften aus. Kreuze an.

O ....

O Manege frei im Zirkus Zarelli!

❶

❷

❸

❹

3. Schreibe passende Wörter zu deiner Bildergeschichte.

4. Schreibe zur Bildergeschichte. Nimm auch die Rückseite.

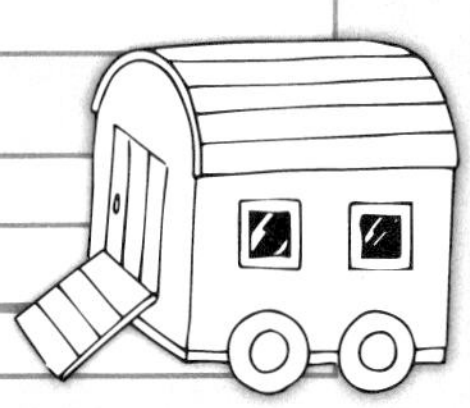

1. **Male weiter. Erzähle.**
2. **Schreibe passende Wörter ins Bild.**

3. **Schreibe zum Bild. Nimm auch die Rückseite.**

1. **Male weiter. Erzähle.**
2. **Finde eine Überschrift zum Bild.**

Überschrift: ....

3. **Schreibe weitere Wörter zum Bild.**

Eisbär, beobachten, lustig

4. **Schreibe zum Bild. Nimm auch die Rückseite.**

© Verlag an der Ruhr | Autor: Bernd Wehren | ISBN 978-3-8346-2970-8 | www.verlagruhr.de

Zoo

1. Male die Bildergeschichte weiter. Erzähle.

2. Schreibe eine Überschrift zur Bildergeschichte auf.
Wähle dann eine der beiden Überschriften aus. Kreuze an.

O ....

O Der Ausflug zum Zoo

❶

❷

❸

❹

3. Schreibe passende Wörter zu deiner Bildergeschichte.

4. Schreibe zur Bildergeschichte. Nimm auch die Rückseite.

Zuhause

1. Male weiter. Erzähle.

2. Schreibe passende Wörter ins Bild.

3. Schreibe zum Bild. Nimm auch die Rückseite.

1. **Male weiter. Erzähle.**
2. **Finde eine Überschrift zum Bild.**

Überschrift: ....

3. **Schreibe weitere Wörter zum Bild.**

Wohnzimmer, bügeln, gemütlich

4. **Schreibe zum Bild. Nimm auch die Rückseite.**

Zuhause

1. **Male die Bildergeschichte weiter. Erzähle.**
2. **Schreibe eine Überschrift zur Bildergeschichte auf.**
   Wähle dann eine der beiden Überschriften aus. Kreuze an.

O ....

O Zu Hause ist es doch am schönsten!

❶

❷

❸

❹

3. **Schreibe passende Wörter zu deiner Bildergeschichte.**

4. **Schreibe zur Bildergeschichte. Nimm auch die Rückseite.**

Anhang

Urkunde

für

Du kannst Wörter, Sätze und Texte
zu Bildern schreiben.

Datum, Unterschrift

Tipp-Karte 1

Überschriften

Denke dir eine Überschrift aus, die …

- neugierig macht oder
- sagt, worum es in der Geschichte geht.

Tipp-Karte 2

Schreibideen finden (1)

Schreibe und male viele kleine Schreibideen auf ein Blatt.

Deine Schreibideen sollten lustig, spannend, gruselig, interessant … sein.

© Verlag an der Ruhr | Autor: Bernd Wehren | ISBN 978-3-8346-2970-8 | www.verlagruhr.de
Erste realistische Schreibanlässe 55

Tipp-Karte 3

Schreibideen finden (2)

Spiele mit deinen Mitschülern deine Geschichte nach.

Sprecht dabei und spielt wie richtige Schauspieler.
So sammelst du weitere Ideen für deinen Text.

Tipp-Karte 4

Gute Geschichten erzählen

Erzähle deine Geschichte lustig oder spannend, indem etwas Überraschendes und Unerwartetes passiert.

Schiebe Fragen, Pausen, Gedanken, Gefühle ein.

Verstelle deine Stimme beim Erzählen.

© Verlag an der Ruhr | Autor: Bernd Wehren | ISBN 978-3-8346-2970-8 | www.verlagruhr.de

Tipp-Karte 5

Bevor es losgeht … (1)

Lege nur diese Dinge auf deinen Tisch:

- Bleistift
- Radiergummi
- Buntstifte und
- dein Weitermalbild

Tipp-Karte 6

Bevor es losgeht … (2)

Achte während des Schreibens immer
auf eine leserliche Schrift.

Schreibe immer mit Bleistift, damit du schnell und sauber
verbessern kannst.

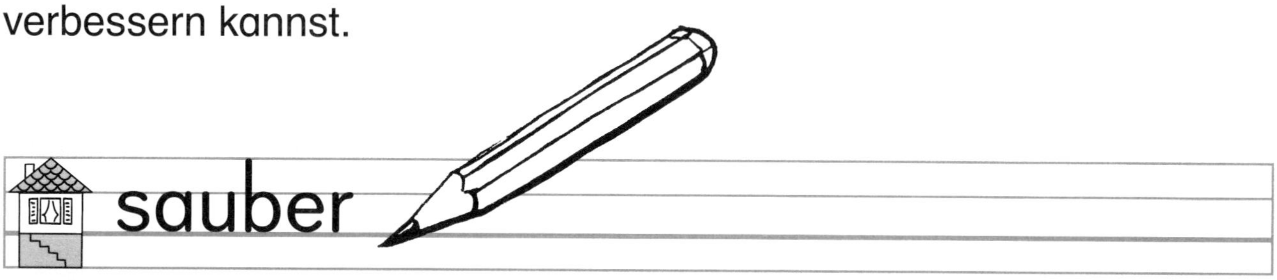

© Verlag an der Ruhr | Autor: Bernd Wehren | ISBN 978-3-8346-2970-8 | www.verlagruhr.de
Erste realistische Schreibanlässe 57

Tipp-Karte 7

Gute Geschichten schreiben (1)

Schreibe deine Geschichte in der richtigen Reihenfolge auf.

→ Alle müssen deine Geschichte verstehen können!

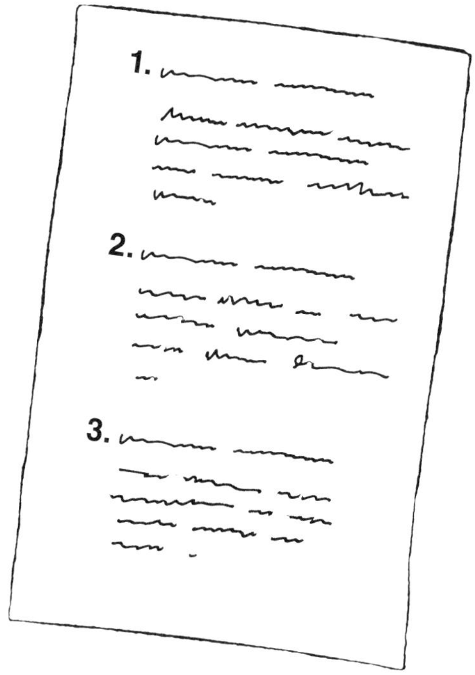

Tipp-Karte 8

Gute Geschichten schreiben (2)

Nenne in deiner Geschichte den Ort, die Zeit und weitere wichtige Dinge.

→ Deine Geschichte soll W-Fragen beantworten:

Wann? Wo? Wer? Was? Wie?

Warum? Welche Folgen?

Tipp-Karte 9

Gute Geschichten schreiben (3)

Beschreibe, was deine Personen
in deiner Geschichte …

- sehen
- riechen
- fühlen
- hören
- schmecken

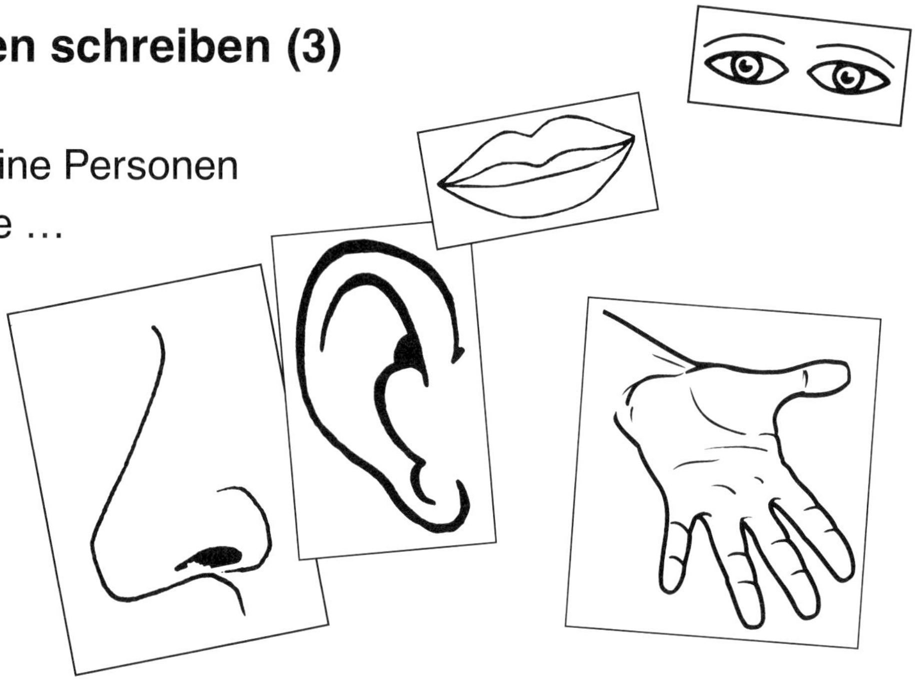

© Verlag an der Ruhr | Autor: Bernd Wehren | ISBN 978-3-8346-2970-8 | www.verlagruhr.de

Tipp-Karte 10

Gute Geschichten schreiben (4)

Beende deine Geschichte mit einem …

- passenden,
- interessanten und
- kurzen Schluss.

© Verlag an der Ruhr | Autor: Bernd Wehren | ISBN 978-3-8346-2970-8 | www.verlagruhr.de
Erste realistische Schreibanlässe 59

Tipp-Karte 11

Gute Geschichten schreiben (5)

Beschreibe die Dinge, Orte und Personen genauer:

- Farbe
- Größe
- Anzahl

Benutze Wiewörter:

klein-groß

dick-dünn

schön-hässlich

reich-arm

nett-böse

fröhlich-traurig

Tipp-Karte 12

Richtig schreiben

Namenwörter und Satzanfänge schreibt man groß.

Beispiel:

<u>D</u>er <u>H</u>und hat vier <u>B</u>eine.

© Verlag an der Ruhr | Autor: Bernd Wehren | ISBN 978-3-8346-2970-8 | www.verlagruhr.de

Tipp-Karte 13

Den Text kontrollieren (1)

Lies den Text anderen Kindern langsam und laut vor.

- Haben die anderen alles verstanden?
- Fehlt etwas?
- Ist alles verständlich?
- Ist die Geschichte interessant?
- Passt dein Text zum Weitermalbild oder zur Bildgeschichte?

Tipp-Karte 14

Den Text kontrollieren (2)

Schlage schwierige Wörter
im Wörterbuch nach.
Ist alles richtig geschrieben?

© Verlag an der Ruhr | Autor: Bernd Wehren | ISBN 978-3-8346-2970-8 | www.verlagruhr.de

Erste realistische Schreibanlässe 61

Druckschrift und Vereinfachte Ausgangsschrift

Aa	Bb	Cc	Dd	Ee	Ff	Gg	Hh
Ii	Jj	Kk	Ll	Mm	Nn	Oo	Pp
Qq	Rr	Ss	Tt	Uu	Vv	Ww	Xx
Yy	Zz	Ää	Öö	Üü	ß		

Aa	Bb	Cc	Dd	Ee	Ff	Gg	Hh
Ii	Jj	Kk	Ll	Mm	Nn	Oo	Pp
Qq	Rr	Ss	Tt	Uu	Vv	Ww	Xx
Yy	Zz	Ää	Öö	Üü	ß		

Druckschrift und Lateinische Ausgangsschrift

Aa	Bb	Cc	Dd	Ee	Ff	Gg	Hh
Ii	Jj	Kk	Ll	Mm	Nn	Oo	Pp
Qq	Rr	Ss	Tt	Uu	Vv	Ww	Xx
Yy	Zz	Ää	Öö	Üü	ß		

Aa	Bb	Cc	Dd	Ee	Ff	Gg	Hh
Ii	Jj	Kk	Ll	Mm	Nn	Oo	Pp
Qq	Rr	Ss	Tt	Uu	Vv	Ww	Xx
Yy	Zz	Ää	Öö	Üü	ß		

62 Erste realistische Schreibanlässe
© Verlag an der Ruhr | Autor: Bernd Wehren | ISBN 978-3-8346-2970-8 | www.verlagruhr.de

Druckschrift und Schulausgangsschrift

Aa	Bb	Cc	Dd	Ee	Ff	Gg	Hh
Ii	Jj	Kk	Ll	Mm	Nn	Oo	Pp
Qq	Rr	Ss	Tt	Uu	Vv	Ww	Xx
Yy	Zz	Ää	Öö	Üü	ß		

Aa	*Bb*	*Cc*	*Dd*	*Ee*	*Ff*	*Gg*	*Hh*
Ii	*Jj*	*Kk*	*Ll*	*Mm*	*Nn*	*Oo*	*Pp*
Qq	*Rr*	*Ss*	*Tt*	*Uu*	*Vv*	*Ww*	*Xx*
Yy	*Zz*	*Ää*	*Öö*	*Üü*	*ß*		

Druckschrift und Grundschrift

Aa	Bb	Cc	Dd	Ee	Ff	Gg	Hh
Ii	Jj	Kk	Ll	Mm	Nn	Oo	Pp
Qq	Rr	Ss	Tt	Uu	Vv	Ww	Xx
Yy	Zz	Ää	Öö	Üü	ß		

Aa	Bb	Cc	Dd	Ee	Ff	Gg	Hh
Ii	Jj	Kk	Ll	Mm	Nn	Oo	Pp
Qq	Rr	Ss	Tt	Uu	Vv	Ww	Xx
Yy	Zz	Ää	Öö	Üü	ß		

© Verlag an der Ruhr | Autor: Bernd Wehren | ISBN 978-3-8346-2970-8 | www.verlagruhr.de
Erste realistische Schreibanlässe 63